AF410928

DÉPARTEMENT DU RHONE

SERVICE

DES

CHEMINS VICINAUX

RAPPORT DU VOYER EN CHEF

SUR L'ÉTAT DU SERVICE

AU 15 JUILLET 1857.

LYON

IMPRIMERIE ADMINISTRATIVE DE CHANOINE

10, PLACE DE LA CHARITÉ, 10

1857

DÉPARTEMENT DU RHONE.

SERVICE

DES

CHEMINS VICINAUX

RAPPORT DU VOYER EN CHEF

SUR L'ÉTAT DU SERVICE

AU 15 JUILLET 1857.

LIGNES VICINALES DE GRANDE COMMUNICATION.

Les chemins vicinaux de grande communication du département n'offrent maintenant d'autre intérêt dans l'exécution des travaux que celui de leur entretien, si ce n'est toutefois les derniers classés qui ne sont pas encore achevés et dont on s'occupe activement. Cette situation permet de mieux suivre cet entretien qu'on ne le faisait d'abord, et alors que la plus grande partie des ressources était naturellement réservée pour les constructions. Quelques grosses réparations, telles qu'élargissement des parties où les ressources n'avaient pas permis de compléter la largeur lors de l'ouverture, quelques rechargements, des empierrements, etc. sont cependant exécutées successivement.

Il ne sera, toutefois, pas superflu de donner quelques détails sur chacune de ces voies de communication.

Ligne vicinale n° 1, de Brignais à Champagne

Avec embranchement sur le pont d'Oullins.

Dans sa dernière session, le Conseil général a demandé que la ligne vicinale n° 1 et son embranchement fussent classés parmi les routes départementales. Le décret de classement n'est pas encore rendu, mais MM. les ingénieurs des ponts et chaussées se sont occupés des études de cette affaire, et il y a lieu d'espérer que cette ligne passera bientôt dans leurs attributions. Cette disposition est d'autant plus désirable, que les avaries que le chemin a subies dans les inondations de 1856, laissent encore de profondes traces et que les mesures pour les faire disparaître doivent être combinées avec sa nouvelle destination, et, par conséquent, être prises par l'administration des ponts et chaussées.

Ces réparations concernent l'embranchement sur le pont d'Oullins ; mais la ligne principale est en bon état.

Ligne vicinale n° 2, de Givors à Chazelles

Avec embranchement sur la Roussillière.

La compagnie du Chemin de fer a l'intention de rectifier cette ligne à son origine, pour les dispositions de la gare de Givors. Il est à désirer que cette rectification soit en rapport avec la circulation considérable que supporte cette partie de la ligne, située à la porte de Givors, et même destinée à faire bientôt partie de cette ville. Plusieurs projets ont déjà été mis en avant, mais quelques-uns ne seraient pas du tout satisfaisants.

Pour compléter l'amélioration qui est résultée pour cette ligne de la construction du pont sur le Gier, il reste à établir un pont sur le canal, en remplacement de celui qui y existe déjà ; mais les prétentions de deux propriétaires de terrains à occuper à l'abord de ce nouveau pont n'ont pas permis de prendre les mesures nécessaires pour sa construction. Le jury d'expropriation est appelé à juger ces prétentions.

Des rechargements, des empierrements qui s'exécutent successivement chaque année assurent maintenant une bonne viabilité sur toute l'étendue de la ligne, même sur la partie entre Saint-Symphorien et Chazelles qui a été classée il y a quelques années, et qui est déjà parcourue par des voitures publiques.

Ligne vicinale n° 3, de Thizy à Chauffailles.

Ce chemin, très-fréquenté d'ailleurs, présente une bonne viabilité.

Ligne vicinale n° 4, de Sainte-Foy à Tarare.

La traverse du bourg de Saint-Laurent-de-Chamousset a été l'objet d'une rectification essentielle et qui a pour but d'éviter la montée des Roches. Quelques difficultés qu'avaient soulevées les propriétaires des terrains à occuper, ont été aplanies, et déjà le nouveau chemin est livré à la circulation, quoique les travaux ne soient pas cependant entièrement terminés.

La ligne est en bon état de viabilité.

Ligne vicinale n° 5, de Beauregard à Aigueperse

Avec embranchements sur la Clayette et sur Matour.

Cette ligne, d'une grande étendue, présente un bon état de viabilité. Des voitures publiques y font un service journalier.

Ligne vicinale n° 6, de l'Arbresle au Pont-Saint-Bernard.

Depuis longtemps déjà, le Conseil général a demandé le classement parmi les routes départementales de la première partie de cette ligne, comprise entre l'Arbresle et Dorieux. Mais il paraît que son admission définitive parmi ces routes n'a pas encore eu lieu, et elle reste toujours à la charge du service vicinal. Il résulte de la délibération prise par le Conseil général dans sa dernière session, que le surplus de cette ligne est aussi destiné à passer dans le service des routes départementales. Aucune décision ne paraît avoir été prise à ce sujet, et l'entretien continue d'être fait comme chemin vicinal de grande communication. Les dégradations graves qui avaient été faites à la levée de Saint-Bernard par les eaux torrentielles de 1856 ont été réparées.

Enfin, cette ligne est en bon état dans tout son parcours et suffit à la circulation. Les modifications dont elle est susceptible, telles que l'exhaussement de la chaussée, le long de la rivière d'Azergues, la rectification du territoire de Chazay, la rectification du bourg de Lucenay, et quelques déblais et remblais qu'on aurait pu mettre à exécution pour réduire les pentes, peuvent sans inconvénient être réservées pour être combinées avec les dispositions qu'auront à proposer MM. les Ingénieurs des ponts et chaussées lorsque cette ligne aura définitivement passée dans leurs attributions. Cependant, si cette époque devait encore se faire attendre longtemps, il serait à désirer que les travaux qui avaient été projetés entre l'Arbresle et le pont de Dorieux, et qui consistaient en un élargissement de la route et en une restauration du pont de Dorieux et de ses abords, fussent mis à exécution. Si cette amélioration avait été faite, elle aurait déjà rendu des services depuis qu'elle a été proposée.

Ligne vicinale n° 7, de Charbonnières à Villechenève.

Depuis son origine, aux Trois-Renards jusqu'à Sain-Bel, cette ligne est très-fréquentée; son entretien demande beaucoup de soin. Quoiqu'en bon état, la partie située au delà de Sain-Bel n'a qu'une faible circulation à supporter.

Ligne vicinale n° 8, d'Anse à Saint-André-de-Corcy.

Les dégradations qu'avait occasionnées à la ligne vicinale n° 8, au territoire d'Ambérieux, l'inondation de 1856, ont été réparées. Le chemin est en bon état dans toute son étendue. Le pavé de la traverse de Neuville méritera d'être refait prochainement.

Ligne vicinale n° 9, de Thoissey à Roanne.

Ainsi que je l'ai mentionné dans mes précédents rapports, la partie de la ligne vicinale n° 9, comprise entre le pont de Thoissey et la route impériale n° 6, dont l'exécution devait en grande partie demeurer à la charge de la Compagnie de ce pont, est toujours en lacune et paraît de plus en plus condamnée à demeurer dans cet état. Il n'a pas encore été statué sur les études qui ont été faites dans le but de diriger la ligne sur l'embarcadère de Romanèche où elle acquerrait de l'importance. La commune de Lancié qui est essentiellement intéressée à cette disposition, paraît prendre des mesures pour en assurer l'exécution. Ce ne sera cependant que lorsque les mesures seront définitivement arrêtées qu'il conviendra de proposer une modification au classement.

Le ligne est ensuite en bon état sur toute son étendue, si ce n'est une lacune de 200^m que les longues formalités d'expropriation n'ont pas permis de faire disparaître encore. S'il reste quelque partie à l'état de premier empierrement, la circulation n'a pas à en souffrir.

Ligne vicinale n° 10, d'Amplepuis aux Echarmeaux.

Bien que cette ligne soit encore susceptible de quelques améliorations, tels que l'exhaussement et l'élargissement de plusieurs parties en remblai, le redressement du chemin aux filatures, la démolition de quelques maisons qui la resserrent dans le bourg de Ranchal, la circulation n'y éprouve pas de difficultés sérieuses, et ces p tites améliorations, qui ne tarderont cependant pas à se réaliser, ne sont pas non plus d'une pressante nécessité. Le chemin présente partout une bonne viabi.ité.

Ligne vicinale n° 11, de Craponne à Saint-Symphorien.

Cette ligne qui, depuis longtemps, était l'objet de dépenses asse z considérables, est maintenant en bon état. Elle est encore susceptible de quelques élargissements et de quelques rechargements, mais, en attendant, la circulation y est facile et plusieurs voitures publiques la parcourent journellement.

Ligne vicinale n° 12, de Lyon à Givors.

La partie comprise entre le pont d'Oullins et Vernaison, qui était en parfait état d'entretien, fut détériorée et même détruite sur deux points par les eaux de 1856. Des travaux furent faits pour rétablir immédiatement la circulation; ces travaux ont été continués depuis, mais on n'est pas encore parvenu à rétablir entièrement les dégâts qui étaient considérables.

Entre Vernaison et Grigny, le chemin ne pourra être amené à un état convenable, que lorsque la compagnie du Chemin de fer aura rempli les engagements qui lui ont été imposés pour le déplacement de ce chemin. De nouvelles détériorations se sont même manifestées par suite des travaux que cette compagnie fait exécuter.

La rectification de la traverse du bourg de Grigny est en cours d'exécution, et déjà la circulation s'est emparée de ce nouveau passage, qui présente une amélioration notable de la viabilité.

Faute d'avoir pu s'entendre avec la compagnie du Chemin de fer, la construction du pont sur le Garon est demeurée ajournée jusqu'à ce jour. De nouvelles démarches seront encore tentées pour mettre enfin à exécution une amélioration vivement désirée.

Ligne vicinale n° 13, de Pont-Tarrets à Roanne.

Une entreprise qui vient de s'achever dans la partie entre le Pont-Tarrets et Pepy, assurera une bonne viabilité à cette ligne, et il ne restera plus qu'un rechargement à faire sur plusieurs points où il n'a encore été fait qu'un premier empierrement.

Quelques maisons rétrécissent le passage dans la traverse du bourg de Saint-Clément. On est en pourparlers pour traiter avec les propriétaires de ces maisons.

La ligne est ensuite en bon état dans toute son étendue, et s'il reste encore quelques élargissements à terminer au territoire des communes de Saint-Clément et de Valsonne, la circulation n'y éprouve aucune difficulté.

Ligne vicinale n° 14, de Tarare à Violay.

Cette ligne est en parfait état de viabilité et il ne reste à faire qu'une petite rectification à son origine. Mais cette rectification peut encore être ajournée sans inconvénient.

Ligne vicinale n° 15, de Vienne à Rive-de-Gier

Avec embranchements sur Condrieu et sur Ampuis.

La rectification de la traverse de Condrieu a été entreprise, mais elle ne paraît aller que lentement en raison des dépenses considérables qu'occasionneront les maisons à démolir.

Une amélioration sensible a été obtenue pour la circulation de cette ligne par des rechargements successifs, mais il y aura encore des difficultés à vaincre pour arriver à un état de viabilité parfaite, en raison de la mauvaise nature des matériaux qu'on rencontre dans cette localité. Cependant on espère que le moment n'est pas bien reculé où l'on pourra obtenir cet état; deux campagnes seront probablement suffisantes à cet effet.

Il sera fait, cette année, un mur de soutènement pour adoucir la pente vers l'aboutissant de cette ligne sur la route impériale rectifiée. Il serait à désirer que l'administration des ponts et chaussées prît des mesures pour assurer la circulation sur cette rectification, entre cet aboutissant et Rive-de-Gier, où les travaux qui y ont été exécutés depuis bientôt dix ans, ne produisent pas l'effet qu'on devait attendre des dépenses considérables auxquelles ils ont donné lieu.

Ligne vicinale n⁰ 16, de Chazay à Neuville.

L'exploitation des carrières de Saint-Germain rend difficile l'entretien de cette ligne au territoire de cette commune. Le chemin est du reste à l'état de viabilité dans toute son étendue.

Ligne vicinale n° 17, de Trembly au Port-Jean-Gras.

Ce chemin n'exige maintenant qu'un entretien peu dispendieux et est, du reste, dans un état satisfaisant de viabilité.

Ligne vicinale n° 18, de Belleville à Tramayes.

Une amélioration qui consiste en la reconstruction du pavé et en l'établissement de trottoirs, a été entreprise à l'origine de cette ligne dans la traverse de Belleville; cette amélioration sera continuée.

Entre Belleville et le fût d'Avenas, le chemin est partout en bon état, quoique dans une certaine étendue il n'ait reçu qu'un premier empierrement : il en est de même de la

9

partie située entre le fût d'Avenas et la limite du département; cependant, la pluie de 1856 avait ramolli la chaussée
et occasionné quelques flaches. Ces dégradations seront réparées dès cette année et la viabilité parfaitement réta-
blie.

Ligne vicinale n° 19, de Chessy à Rivolet

Avec embranchement sur Villefranche.

Depuis sa naissance jusqu'à Ville, le chemin est en parfait état de viabilité. Au delà de Ville les terrassements
sont achevés jusqu'au ruisseau du Morgon sur lequel un
ponceau est en construction. Les travaux sont aussi entrepris sur Cogny, mais ils n'ont pas été poussés aussi activement que sur la commune de Ville. La traverse du bourg a
été surtout l'objet de vives discussions qui ont enfin été
résolues par un arrêté préfectoral qui fixe définitivement le
tracé dans cette traverse, et qui accepte des souscriptions
volontaires qui suffiraient pour ouvrir le chemin si on n'é-
prouve pas de nouvelles difficultés.

Sur la demande de plusieurs des communes intéressées
et du Conseil d'arrondissement de Villefranche, des études
ont été faites pour prolonger cette ligne au travers des ter-
ritoires de Denicé, Saint-Julien, Blacé, Salles, Arbuissonas
et Saint-Etienne-la-Varenne jusqu'à la rencontre de la
ligne vicinale n° 5, aux Ouillères. Ces études sont satisfaisantes et le projet qui en a été dressé a été soumis aux
formalités.

La réalisation de ce prolongement dans un pays riche et
très-peuplé aurait le double avantage de desservir ce pays,
et d'établir des communications entre plusieurs communes
des cantons de Bois-d'Oingt, Villefranche et Belleville.

L'embranchement sur Villefranche est susceptible d'un
élargissement au territoire des communes de Pouilly et
Liergues.

Ligne vicinale n° 20, de Saint-Cyr au Port-Rivière

Avec embranchement sur Villefranche , Vaux et Montmerle.

Cette ligne est à l'état de viabilité dans toute son étendue; néanmoins, elle subit chaque année des améliorations qui n'avaient pas paru d'abord indispensables, telles que règlement de la chaussée, redressements ou élargissements. La partie haute est d'ailleurs peu fréquentée et n'exige pas un entretien dispendieux.

Une prise d'eau, au lieu du Bérerd, commune de Gleizé, occasionne constamment des dégradations au chemin. Il serait à désirer que l'administration chargée des cours d'eau prît des mesures pour faire disparaître cet inconvénient.

Ligne vicinale n° 21 , de Vaise à Saint-Cyr et à Saint-Fortunat.

Les lourds fardeaux qui circulent constamment sur cette ligne, rendent son entretien très-difficile, surtout dans le vallon d'Arche, où le chemin n'a pas encore partout atteint sa largeur. On a commencé l'établissement de trottoirs dans la partie située dans le vallon de Roche-Cardon. Ces trottoirs sont d'un très-bon effet pour les piétons.

Ligne vicinale n° 22, de Monsol à Cluny.

Si ce n'est une petite partie sur Trades où le chemin n'a reçu encore qu'un premier empierrement, la ligne vicinale n° 22 est à l'état d'entretien ; elle présente même partout une bonne viabilité.

Ligne vicinale n° 23, de Lamure à Saint-Mamert.

Quelques parties de cette ligne ne sont encore qu'à l'état de premier empierrement : le deuxième s'opère successivement, mais la circulation ne souffre pas maintenant de ce retard ; au surplus, l'état complet d'entretien sera bientôt atteint.

Ligne vicinale n° 24, de Lyon à Panissières.

La ligne vicinale n° 24 est à l'état d'entretien dans toute son étendue, et n'exige plus que de faibles dépenses pour être maintenue dans cet état.

Ligne vicinale n° 25, d'Yzeron au Pont-d'Anzieux.

Au territoire des communes d'Yzeron et de Courzieux, la ligne est en bon état de viabilité et elle est entièrement ouverte sur Montromand et Saint-Genis-l'Argentière, si ce n'est une lacune d'environ 20^m 00 qui barre le passage à la circulation qui s'établirait maintenant entre Yzeron et Sainte-Foy-l'Argentière, et porte un préjudice notable à toutes les communes intéressées. Cette lacune est située sur le jardin du presbytère de Saint-Genis-l'Argentière et est due à M. le curé de cette commune, qui, en différentes circonstances, a cherché à entraver l'administration à l'occasion de l'établissement de cette ligne.

La partie de la ligne vicinale n° 25, située entre Sainte-Foy-l'Argentière et la limite du département de la Loire, ouverte depuis quelques années, n'a eu jusqu'à présent pour résultat que de desservir les mines houillères qui se trouvent à proximité, attendu qu'au moment où elle aurait pu être prolongée dans le département de la Loire, l'administration des ponts et chaussées proposait la rectification de la route départementale de Lyon à Montbrison par cette direction, et que ce n'est que depuis peu que cette rectification a été définitivement arrêtée.

Ligne vicinale n° 26, de Beaujeu à Mâcon.

Des travaux assez importants sont faits chaque année sur cette ligne qui, en attendant son achèvement, est maintenant bien praticable; il reste encore des élargissements à faire sur plusieurs points, des règlements et des empierrements. Deux campagnes suffiront, toutefois, pour l'amener à l'état d'entretien. En attendant, la circulation s'y établira facilement à partir de cette année.

Ligne vicinale n° 27, de Pontcharra à Villechenève.

Les travaux ont été continués pour améliorer cette ligne dans toute son étendue, si ce n'est la partie comprise entre la limite de Pontcharra et le pont Gantillon, comprenant la traverse de Saint-Forgeux où le tracé n'a été fixé qu'en dernier lieu et après de longues discussions.

Cette fixation de tracé, dans laquelle on a cherché à donner satisfaction à peu près à tous les intérêts, permettra d'entreprendre les travaux, dès cette année, dans cette partie.

Ligne vicinale n° 28, de Rive-de-Gier à Chavanay.

Les empierrements sont continués sur cette ligne pour l'amener le plus tôt possible à l'état d'entretien. En attendant, elle est parfaitement praticable, si ce n'est sur quelques parties où la circulation devient difficile durant la saison d'hiver.

Ligne vicinale n° 29, de Lyon à Crémieux.

Cette ligne est en parfait état d'entretien dans toute son étendue. Elle n'exige que d'être maintenue. Elle doit subir une petite modification par suite de l'établissement du chemin de fer de Genève, mais telle qu'elle est projetée, cette modification ne lui sera pas préjudiciable. Les arbres plantés dans le contour qu'elle forme vers le fort de Villeurbanne et qui réussissent bien, la transforment en une promenade sur ce point.

Ligne vicinale nº 30, de la Tour à Rive-de-Gier.

Malgré les travaux considérables qui ont déjà été faits sur la ligne vicinale nº 30, et surtout pendant la campagne de 1856, elle ne pourra être livrée à la circulation que dans quelques années. Cependant, elle peut déjà être parcourue par les voitures destinées au service de l'agriculture, si ce n'est dans trois ou quatre lacunes qui disparaîtront prochainement.

Sur la Tour, le chemin est ouvert et a reçu presque partout un premier empierrement ; sur Sainte-Consorce-Marcy, les terrassements sont bien avancés ; sur Grézieux, il ne reste plus à ouvrir que la partie comprise entre la place et la limite de Vaugneray : sur Vaugneray, l'ouverture a été entreprise ainsi que le remblai considérable du pont construit sur l'Yzeron en 1856 ; sur Brindas, l'ouverture est terminée ; elle est très-avancée sur Messimy ; sur Soucieux, il reste une lacune entre le pont construit en 1856 sur le Garon et le bourg de Soucieux, au delà l'ouverture est terminée ; sur Orliénas, l'ouverture est faite et en partie empierrée ; sur Saint-Laurent, le chemin est ouvert et en partie empierré ; on se sert provisoirement de l'ancien chemin entre le bourg de Saint-Laurent et la limite de Mornant : sur Mornant, le chemin est entièrement ouvert et en partie à l'état d'entretien, mais l'ancien chemin qui est suivi et limitrophe entre Mornant et Saint-Maurice, sera susceptible d'un élargissement ultérieur.

Ligne vicinale nº 31, de Villefranche à Ternand.

Peu de travaux ont encore été faits sur la partie située au territoire de Gleizé, mais au territoire de Ville-sur-Jarnioux ils ont été poussés activement : les terrassements y sont achevés, un premier empierrement a été fait dans toute la partie qui n'est pas encore à l'état d'entretien. Le chemin est livré à la circulation sur le territoire de Sainte-Paule, mais il reste des élargissements et des empierrements à faire ; il en est de même du territoire de Ternand où, cependant, une certaine étendue est à l'état d'entretien.

CHEMINS DE MOYENNE COMMUNICATION.

62 chemins intéressant plusieurs communes, ont fait l'objet d'une étude spéciale pour être classés de moyenne communication, en vertu de l'article 6 de la loi du 21 mai 1836. Les projets ont été soumis aux conseils municipaux qui se sont empressés, à peu d'exceptions près, d'adopter le classement. En sorte, qu'après avoir rempli toutes les formalités voulues, un arrêté préfectoral vient de classer 56 de ces chemins ; 6 ont été l'objet d'un ajournement, soit parce que les conseils municipaux n'avaient pas été suffisamment favorables au classement, soit parce que de nouvelles études ont paru nécessaires pour apprécier les demandes qui se sont produites.

Ce classement prononcé sur une large échelle, permettra de régulariser cette branche du service, et d'obtenir de bien meilleurs résultats qu'en agissant isolément pour chaque commune. A mesure que l'état des chemins le demandera, et que les ressources le permettront, on pourra aussi établir des cantonniers sur ces chemins et assurer une viabilité qu'il serait difficile d'obtenir par commune.

En attendant que le classement de ces chemins puisse avoir son effet, et ce ne sera guère avant le 1er janvier prochain, les travaux n'ont pas discontinué, et des améliorations notables ont été obtenues, dont les principales sont indiquées ci-après :

Chemin n° 1, de Lyon à Fontaines et à Saint-Trivier.

Sous les auspices de son Excellence M. le Maréchal comte de Castellane, ce chemin, ouvert au travers de mille difficultés d'exécution, en partant de l'Ile-Barbe, dans une côte abrupte du bassin de la Saône, et une seconde direction, de l'extrémité du faubourg de Bresse près du Rhône et de l'embarcadère du chemin de Genève, ce chemin, dis-je, continue d'être l'objet de toute la sollicitude de son Excellence : les travaux de perfectionnement et de raffinement n'ont pas cessé sur chacun de ces deux embranchements qui se réunissent sur la hauteur de Caluire. Non-seulement la viabilité a été amenée à un état parfait, mais encore des plantations d'arbres et de bosquets en font une promenade des plus agréables, promenade qui est encore animée par la circulation du camp de Sathonay et par les omnibus qui la parcourent à chaque instant.

Il reste à améliorer le chemin au territoire de Cailloux, et à rectifier la côte de Royes dans la direction de Fontaines.

Chemin n° 2, des Echarmeaux à la Clayette.

Ce chemin, à l'état d'entretien, dans la partie comprise entre les Echarmeaux et Propières, est aussi livré à la circulation jusqu'au Sauzay. Les propriétaires des terrains à occuper n'ont pas encore permis de faire disparaître la lacune qui existe entre le Sauzay et Vers. La commune de Saint-Igny sur laquelle cette lacune est située, n'a pas encore de ressources suffisantes pour poursuivre l'expropriation de ces terrains.

Chemin n° 3, de Saint-Just à l'Etoile-d'Alaï.

Ce chemin est en parfait état de viabilité. La plantation d'arbres qui le borde, au lieu des Massues, a admirablement réussi et forme une promenade très-agréable.

Chemin n° 4, du pont de Thoissey à Ouroux.

La première partie de ce chemin, comprise entre la Saône et la route impériale n° 6, est à la charge de la compagnie du pont

de Thoissey ; celle comprise entre cette route et le bourg
de Fleurye en est à l'état d'entretien ; entre Fleurye et les
Labourous, le chemin est en bon état ; il est néanmoins susceptible de quelques rectifications pour faire disparaître
des rampes trop fortes ; et il est ouvert depuis les Labou-
roux jusqu'à Ouroux et est livré à la circulation, mais il
n'a pas encore atteint la largeur voulue, et les empierrements ne sont pas encore entrepris dans cette dernière
partie.

Chemin n° 5, des Brotteaux à Décine.

Soumis à une forte circulation, ce chemin mérite d'être
entretenu d'après un meilleur système qu'il n'a été possible
d'obtenir jusqu'à ce jour. Son classement parmi les chemins
de moyenne communication permettra d'atteindre ce but.
Des redressements et des élargissements ont été opérés sur
la commune de Vaulx et lui donnent un nouvel aspect.

Chemin n° 6, de Ronno à Cours.

Au territoire de Ronno, l'ouverture n'a été entreprise
que sur l'étendue de 1 kilomètre environ, le surplus reste
en lacune ; mais le chemin est ouvert depuis le Bancillon
jusqu'à Cours, si ce n'est une lacune de quelques centaines
de mètres qui existe encore au territoire de la Chapelle ;
le chemin est sans doute loin d'être achevé, mais il est
livré à la circulation et s'améliore chaque année.

Chemin n° 7, de la Guillotière à Marennes.

La naissance de ce chemin, sur la route impériale, n° 7,
est destinée à être changée pour l'établissement du chemin
de fer de Genève. Les dispositions présentées par la compagnie pour ce changement ne nuiraient pas à la viabilité.

Le chemin est en bon état jusqu'à Venissieux, et des travaux sont en cours d'exécution pour améliorer la traverse
de ce village, ils seront ensuite continués dans la direction de Marennes.

Chemin n° 8, de Thizy à Charlieu.

Ce chemin présente un assez bon état de viabilité jusqu'à la limite du département de la Loire.

Chemin n° 9, de Givors à la Clochetière.

Quoique entièrement ouvert et livré à la circulation, ce chemin ne présentera une bonne viabilité que lorsqu'il aura été empierré, en raison du peu de consistance du sol sur lequel il est assis. L'empierrement a été commencé au territoire de Givors, et sur quelques points au territoire d'Echalas ; mais la difficulté de se procurer des matériaux ne permet pas de fixer le terme de l'achèvement de cet empierrement.

Chemin n° 10, de Villefranche à Vaux.

Etabli entièrement à neuf, à son commencement au territoire de Villefranche, ce chemin présente de bonnes dispositions. Sauf quelques élargissements qui auront lieu successivement, le chemin est à l'état d'entretien jusqu'à Sait-Julien. Entre Saint-Julien et Blacé, les travaux entrepris pour l'abaissement de la rampe, ne sont pas entièrement achevés. La traversée du territoire de Blacé est ensuite en bon état. Sur Salles il est aussi en bon état, mais il demeure susceptible d'être rectifié ultérieurement pour faire disparaître des pentes à rampes trop fortes. Ces rectifications devront aussi s'étendre sur le territoire de Vaux.

Chemin n° 11, de Brignais à Thurins.

Depuis son origine jusqu'à la limite de Thurins, ce chemin présente une bonne viabilité ; il sera bien encore susceptible de quelques améliorations et notamment de quelques rectifications au bas du bourg de Soucieu, mais en attendant la circulation a lieu facilement. Les travaux n'ont pas encore été entrepris au territoire de Thurins où la plus grande dépense consistera d'ailleurs dans l'établissement d'un pont sur la rivière du Garon.

Chemin n° 12, de Tarare à Lamure.

Une rectification de ce chemin sera ultérieurement étudiée pour établir le chemin sous de meilleures conditions de pentes, au territoire de Tarare et même jusqu'à la Croix-Pâquet. De ce dernier point à Valsonne, le chemin est praticable; il est néanmoins susceptible de quelques améliorations et surtout d'une rectification à l'arrivée de la ligne vicinale n° 13. Sur Saint-Appolinaire le chemin est livré à la circulation, mais il n'a que quatre mètres de large: de la Croix-de-l'Orme au bourg de Saint-Just-d'Avray, le chemin est ouvert à 5 mètres 50 ou 6 mètres et est praticable; cette ouverture se prolonge jusqu'au Bedin; ensuite elle n'existe que par parties jusqu'au col de Combejclon. Après une lacune de 500 mètres, le chemin est ouvert à la largeur de 4 mètres sur tout le territoire de Grandris, c'est-à-dire jusqu'au Bourg; il demeure en lacune entre le Bourg et la route départementale n° 7, au territoire de Lamure.

Chemin n° 13, de Givors à Duerne.

A partir de la Forestière, le chemin présente une assez bonne viabilité jusqu'au Logis-Neuf, quoiqu'il ne soit pas encore complétement empierré. Du Logis-Neuf à Mornant, le chemin est à l'état d'entretien, mais cette partie sera probablement susceptible d'une rectification qui sera étudiée ultérieurement. Entre Mornant et Chaussan, le chemin est, sinon terminé, bien viable. Au delà, il est ouvert jusque près des limites de Rontalon, et on s'occupe de compléter les terrassements. Il est encore en lacune depuis ce point jusqu'à son extrémité.

Chemin n° 14, de Ranchal à Charlieu.

Bien qu'ouvert depuis longtemps, ce chemin laisse encore à désirer sous le rapport de la viabilité. On ne pourra arriver que successivement à l'amener en bon état.

Chemin n° 15, de Montrotier à Feurs.

Une seule lacune de quelques centaines de mètres, vis-à-vis le bourg de Chambost, reste pour compléter l'ouverture de ce chemin ; mais il ne sera urgent de faire disparaître cette lacune que lorsque le département de la Loire aura pris des mesures pour ouvrir la partie du chemin située sur son territoire. On s'occupera à l'avenir d'empierrer la partie comprise entre la ligne vicinale n° 4 et le bourg de Chambost. Cette partie rendra, en attendant, beaucoup de services aux communes de Chambost et de Longessaignes.

Chemin n° 16, de Matour à Chauffailles.

Le chemin de Matour à Chauffailles et son embranchement sur le Sordet, sont ouverts depuis la limite de Matour jusqu'au Sordet. Cette partie est destinée à combler une lacune d'une route départementale de Saône-et-Loire qui est en cours d'exécution.

Les travaux n'ont pas encore été entrepris entre Aigueperse et le Col-de-la-Cépée, dans la direction de Chauffailles.

Chemin n° 17, de la Maison-Blanche à la Giraudière.

Ce chemin est à l'état d'entretien depuis la Maison-Blanche, jusqu'au bourg de Vaugneray, et les terrassements sont très-avancés de ce bourg au Col-de-Malval. L'état de terrassement se continue sur Couzieux jusqu'à Montrognard, mais de ce point il existe une lacune qui s'étend jusqu'au bourg. On s'est occupé de l'élargissement dans le bourg, puis le chemin est ouvert jusqu'à la Giraudière. On améliore successivement cette dernière partie.

Chemin n° 18, de Villié à Juliénas.

Ce chemin, qui est cependant très-important par sa situation dans un pays riche, n'a pas été, jusqu'à présent, l'objet d'une assez grande sollicitude de la part des administrations municipales. Quelques rectifications isolées ont bien été faites, mais il reste encore beaucoup d'améliorations à y apporter.

Chemin n° 19, de Bonnand à Vaugueray.

Une rectification importante a été faite à ce chemin, entre la ligne vicinale n° 1, sur laquelle il prend naissance, et les aqueducs de Chaponost ; un premier empierrement vient d'être fait sur cette rectification et permettra la circulation. Le chemin est ensuite en assez bon état jusqu'à la limite de Brindas. L'empierrement n'étant pas terminé sur Brindas, la circulation y est encore difficile pendant les temps humides. Entre Brindas et la Maison-Blanche, le chemin est encore à l'état de sol naturel. Les études qui ont été faites, permettent d'espérer qu'on pourra suivre presque partout un chemin existant, qui n'aura besoin que de quelques redressements et élargissements ; mais le passage de la rivière d'Yzeron exigera la construction d'un pont.

Chemin n° 20, du pont de Dorieux à Villefranche.

Etabli à neuf, depuis le point où il commence, à Dorieux jusqu'à la limite de Charnay, le chemin est maintenant à l'état d'entretien dans toute cette partie. Il présente même une viabilité satisfaisante jusqu'au bourg de Charnay, où la démolition de plusieurs maisons a été exigée pour son passage. Il exigera ensuite une rectification pour arriver à la limite de Marcy. Le chemin devra être rectifié aussi sur Marcy. Sur Lachassague et Anse, le chemin est en bon état. Une rectification assez étendue aura pour but d'améliorer la côte de Baisante, après laquelle le chemin est en bon état jusqu'à Villefranche.

Chemin n° 21, de Vernaison aux Sept-Chemins

Une rectification importante et la construction d'un pont sur le Garon assurent déjà la viabilité de ce chemin. Il sera successivement amélioré, surtout au territoire de Vourles où il est encore trop étroit.

Chemin n° 22, de Jullié à Tramayes.

L'ouverture de ce chemin vient d'être activement entreprise sur Jullié où les terrassements, encore incomplets à la vérité, s'étendent déjà sur trois kilomètres. Il ne reste plus qu'une lacune sur cette commune et à partir du bourg. Sur Cenves le chemin est entièrement ouvert, mais il exigera encore beaucoup de travaux pour être amené à l'état d'entretien.

Chemin n° 23, de la Tour à Neuville.

Ce chemin ne présente encore que quelques parties isolées à l'état de viabilité. La plus grande étendue est à l'état de sol naturel et demande des rectifications importantes. Une amélioration essentielle pourra probablement être entreprise sous peu, au territoire de Curis.

Chemin n° 24, de Saint-Mamert à la Grange-du-Bois.

Une ouverture vient d'être faite à neuf, sur environ 2 kilomètres, pour l'établissement du chemin au territoire de Saint-Jacques-des-Arrêts ; mais elle n'a pas été continuée sur Cenves où quelques discussions se sont élevées au sujet du tracé.

Chemin n° 25, de Saint-Irénée à Malataverne.

Ce chemin qui a été notablement amélioré et qui est en bon état jusque près de la limite de Francheville, exigera une rectification pour éviter la forte pente dite le Pavé. De Francheville à Malataverne, il est susceptible de beaucoup d'améliorations.

Chemin n° 26, de Châtillon à Villefranche, par Alix.

Des améliorations assez importantes ont été apportées à ce chemin, entre Châtillon et Alix, mais elles ne sont pas achevées. Entre Alix et la route départementale n° 6, il est encore à peu près à l'état de sol naturel.

Chemin n° 27, de Vaise à la Tour, par Dardilly.

Ce n'est qu'au moyen d'une rectification de la montée des Roches, à la naissance du chemin, qu'on pourra obtenir une viabilité satisfaisante, encore resterait-il de fortes pentes sur divers points, et notamment à l'abord du ruisseau du Rue-Profonde ; mais cette rectification ne s'obtiendra que difficilement, c'est-à-dire à un prix élevé. Au delà de Dardilly, le chemin laisse beaucoup à désirer.

Chemin n° 28, de Beaujeu à Villié.

Un pont sur le ruisseau des Chastys, dont le projet pourra probablement être mis à exécution dès cette année, complétera la viabilité de ce chemin, qui sera susceptible cependant de plusieurs autres améliorations ultérieures.

Chemin n° 29, de Pontcharra à Bessenay.

Ce chemin est destiné à déboucher un vaste territoire, très-fertile surtout en fruits, qui écoule ses produits sur la ville de Tarare avec laquelle il n'existe pas de voie de communication actuellement.

La construction d'un pont sur le ruisseau de Torrenchin, dont le projet a été préparé, est indispensable pour remplacer le gué, devenu dangereux depuis l'inondation de 1856. Plusieurs rectifications du chemin pourront ensuite s'exécuter successivement. Une des principales a pu être entreprise sur un kilomètre d'étendue, par la cession de terrain qu'a faite M. le marquis d'Albon.

Chemin n° 30, d'Anse à Theizé.

Au moyen des sacrifices que s'est imposés M. le marquis de Mortemart, ce chemin a été amené à l'état d'entretien sur toute son étendue.

Chemin n° 31, de Vérigneux à Bessenay

avec embranchement sur la Giraudière.

La commune de Haute-Rivoire a entrepris l'amélioration de ce chemin par la rectification de Torrenche. Le projet de la rectification la plus importante de ce chemin, entre Saint-Laurent et Bessenay vient d'être approuvé. La commune de Brulliolles attendait vivement cette approbation pour mettre la main à l'œuvre.

Sans se rendre compte des difficultés ni des dépenses, l'administration municipale de Saint-Laurent semblait insister pour obtenir l'embranchement sur la Giraudière par Charffetin. Mais il résulte des études qui ont été faites de cet embranchement, qu'on peut l'obtenir par la vallée du pont Coquard, sans difficulté, avec de meilleures conditions, au moyen d'une dépense qui n'excédera pas le tiers de celle qu'on aurait à faire par Charffetin ; il en résulterait, en outre, une différence de moitié dans l'entretien, attendu qu'on rejoindrait la route départementale n° 3, bien entretenue et établie dans de très-bonnes conditions, après un parcours moitié moins long. Ces considérations sont trop graves pour ne pas s'y arrêter et il y a lieu d'espérer qu'elles feront revenir les partisans de Charffetin de leur première opinion.

Chemin n° 32, de Belleville à Vaux.

(*Classement ajourné faute, par les principales communes intéressées, d'avoir produit des avis favorables.*)

Chemin n° 33, de Sainte-Foy à Saint-Symphorien, par Aveize.

Destiné à abréger notablement le parcours de Sainte-Foy à Saint-Symphorien et par des meilleures conditions de pentes, ce chemin est entièrement ouvert. On s'occupera à l'avenir des empierrements.

Chemin n° 34, de Villefranche à Cogny.

Placé dans une riche vallée, ce chemin est déjà à l'état d'entretien sur presque tout son parcours sur Gleizé. Il existe ensuite une lacune qui s'étend sur Lacenas, et puis cette dernière commune s'occupe successivement de son amélioration. Il restera encore à rectifier la partie située sur le territoire de Cogny.

Chemin n° 35, de Saint-Genis à Millery.

(*Le classement est ajourné, faute par les communes d'avoir produit des délibarations favorables.*)

Chemin n° 36, de Villié à Vauxrenard.

A l'exception de quelques élargissements à faire sur le territoire de Villié, ce chemin est à l'état d'entretien jusqu'à Chiroubles. Il est ouvert au delà jusqu'au Thil, où il aboutit sur le chemin de moyenne communication n° 4.

On procédera successivement à l'élargissement et à l'empierrement de cette dernière partie.

Chemin n° 37, de Trévoux à la Thibaudière.

La première partie de ce chemin, située entre Trévoux et la station du chemin de fer, demeure à la charge de la Compagnie du pont de Trévoux et est du reste à l'état d'entretien. La deuxième, qu'on s'occupera d'améliorer, a pour but d'établir une communication entre cette station et la route impériale n° 6.

Chemin n° 38, de Vaux à Claveisolles.

Entièrement ouvert, ce chemin a encore besoin de beaucoup de travaux pour arriver à l'état d'entretien.

Chemin n° 39, de la Croix-des-Ormes à Neuville.

Ce chemin présente une bonne viabilité dans plusieurs parties de son parcours ; mais il exigera encore des élargissements et surtout une rectification importante au territoire de Saint-Romain-de-Couzon.

Chemin n° 40, d'Amplepuis à la Fontaine.

Entièrement ouvert à neuf, sur la commune d'Amplepuis, ce chemin, dont l'ouverture se continue sur le département de la Loire, est destiné à créer une communication qui manquait entre Amplepuis et la route impériale n° 7, et puis les communes de la Loire situées à l'est de cette route.

Chemin n° 41, de Sain-Bel à Saint-Julien.

Etabli en dernier lieu et sous de bonnes conditions de viabilité, entre la route départementale n° 3 et Bibost, ce chemin est maintenant l'objet de travaux de redressements et de rectifications entre Bibost et Saint-Julien. La première partie, qui est la plus étendue, est à l'état de viabilité, si ce n'est l'abord du bourg de Bibost qui demanderait encore à être rectifié.

Chemin n° 42, de Tarare à Ternand.

Les travaux d'ouverture de ce chemin ont été poussés activement au territoire de Darcizé, et permettent déjà de circuler sur toute l'étendue de cette commune. Ils sont entrepris sur Saint-Loup et sur Saint-Vérand ; mais il reste une grande lacune entre Saint-Vérand et le pont de Ternand où doit aboutir le chemin. Cette partie, dont le tracé a donné lieu à quelques discussions, pourra aussi être entreprise prochainement.

Chemin n° 43, de la Maison-Rat à la Croix-Forêt.

Ouvert dans tout son parcours, ce chemin n'est cependant pas encore partout à l'état d'entretien, mais la circulation y est établie, en attendant son achèvement.

Chemin n° 44, de Thizy à Grandris et à Saint-Bonnet.

(Le classement est ajourné en attendant que les formalités soient remplies sur l'avant-projet qui a été dressé, en ce qui concerne la partie comprise entre le Calvaire et le Col-Burdel.)

Chemin n° 45, de Villeurbanne à Venissieux.

On attend que les formalités soient remplies pour entreprendre ce chemin qui est destiné à mettre en communication deux localités importantes.

Chemin nᵒ 46.

(Le classement est ajourné en attendant que de nouvelles étu-
des aient été faites, pour remplacer la partie qui n'a pas été
admise par les conseils municipaux. Si ces études ne sont
pas satisfaisantes il y aurait lieu de renoncer à ce classe-
ment).

Chemin nᵒ 47, de Saint-Martin à Saint-Etienne

Avec embranchement sur Sainte-Catherine.

L'ouverture de ce chemin a été entreprise activement au
territoire de Larajasse, et déjà elle s'étend sur 3 kilomètres , en deux parties.

Chemin nᵒ 48, de Chamelet à Ronno.

A partir de la rivière d'Azergues, le chemin conserve une
rampe assez forte, mais il est en bon état. Il a ensuite été
rectifié complétement ea s'approchant du bourg de Saint-
Just, et cette rectification s'étend jusqu'au bois des Four-
ches, mais le chemin reste pour ainsi dire en lacune
au territoire de Ronno.

Chemin nᵒ 49, de la Demi-Lune à St-Consorce.

Des travaux assez importants ont été faits au territoire
de Saint-Genis, mais la rectification essentielle, projetée
près du bourg de Tassin demeure ajournée.

Chemin nᵒ 50, des Chères à Charnay.

Sur la commune des Chères, le chemin est à l'état d'entretien ; des améliorations et deux rectifications sont nécessaires au territoire de Morancé et de Charnay.

Chemin n° 51, de Saint-Laurent à Panissières.

Une rectification presque générale devra être faite à ce chemin pour éviter les trop fortes pentes et rampes qu'il présente actuellement.

Chemin n° 52, de Liergues à Saint-Julien.

(Le classement est ajourné en attendant que les communes inté- ressées aient produit leurs délibérations; il convient d'ailleurs d'en combiner la direction avec le prolongement de la ligne vicinale, n° 19.)

Chemin n° 53, de Givors à Trèves.

Le chemin est pour ainsi dire encore à l'état de lacune sur Givors, mais les travaux ont été entrepris activement sur Echallas. L'avant-projet vient d'être soumis aux formalités pour la partie comprise entre Echallas et Trèves.

Chemin n° 54, de Saint-Nizier aux Quatre-Vents

La partie de ce chemin comprise entre Ranchal et Mont-Pinay, est ouverte et livrée à la circulation, mais celle comprise entre Ranchal et Saint-Nizier ou plutôt la Croix-de-Nicelle, n'a pas encore été entreprise.

Chemin n° 55, de Givors à Saint-Laurent.

(Le classement n'a pas été prononcé, faute par les communes intéressées d'avoir produit des délibérations favorables à ce classement.)

Chemin n° 56, de Pépy à Dième.

On ne peut parvenir que difficilement à établir ce chemin faute de ressources des communes intéressées. Son ouverture se poursuit néanmoins chaque année.

Chemin n° 57, de Vaugneray à Lozanne.

Il est essentiel d'établir une voie de communication dans cette localité pour relier plusieurs communes entre elles et pour le développement de l'agriculture. Le projet de ce chemin est aux formalités, et aussitôt qu'elles seront remplies, on prendra des mesures pour son ouverture.

Chemin n° 58, du Cergne à la Bûche.

C'est surtout pour remplir une lacune d'une ligne vicinale de grande communication du département de la Loire, que ce chemin a été ouvert. Il a aussi pour but de développer l'agriculture. Par suite de l'établissement de la nouvelle commune de Cergne, il rentrera, en partie au moins, sur le territoire de ce département.

Chemin n° 59, de Saint-Symphorien à Meys.

L'avant-projet a été préparé pour l'ouverture de ce chemin et a été soumis aux formalités, mais il est encore tout en lacune. Il aura pour but de relier plusieurs communes à leur chef-lieu de canton, Saint-Symphorien.

Chemin n° 60, de Villefranche à Saint-Fonds.

Ancienne route départementale, abandonnée par une rectification, et qui aboutit cependant à un quartier assez populeux de Villefranche, ce chemin est en bon état et n'exige qu'un entretien.

Chemin n° 61, de Montrotier à Saint-Forgeux.

L'établissement de ce chemin se poursuit, et il pourra être livré à la circulation aussitôt après la construction d'un pont dont l'entreprise va être donnée, et les remblais de ses abords.

Chemin n° 62, de Lamure à Vaux.

L'ouverture de ce chemin se complète en ce moment au territoire de Lamure où il restera cependant un pont à construire sur la rivière d'Azergues. Sur Vaux, la plus grande étendue est à l'état de lacune. L'avant-projet de cette lacune a été étudié et va être soumis aux formalités.

CHEMINS VICINAUX ORDINAIRES.

Les chemins vicinaux ordinaires ou de petite communication forment la troisième branche du service et s'ils sont naturellement moins importants que ceux des deux premières, ils ont néanmoins été l'objet de tous les soins qu'ont permis les ressources qui y sont affectées. Si ce n'est quelques-uns qui sont destinés à être abandonnés par suite de rectifications ou d'établissements de nouveaux chemins, chacun reçoit au moins un entretien en rapport avec son importance, au moyen des prestations en nature. Mais un grand nombre d'entre eux reçoivent des améliorations notables, telles que des restaurations complètes, des élargissements, des redressements et même des rectifications importantes.

Pour ne parler que des plus importantes de ces améliorations, on peut citer, dans la banlieue de Lyon, l'ouverture à neuf du chemin de Saint-Simon à Saint-Just, qui se poursuit sur une largeur de 13 mètres dans la première partie et de 11 mètres dans la deuxième partie, partout bordé de deux belles rangées d'arbres; cette dernière partie n'a été retardée que par les formalités d'expropriation de quelques parcelles qu'il n'a pas été possible d'obtenir par voie amiable; le projet du chemin de la Quarantaine à

Saint-Just, dont les travaux viennent d'être donnés en adjudication et dont l'exécution va commencer incessamment, et tous les chemins vicinaux de cette banlieue, qui ont été amenés successivement à un bon état de viabilité, au moins les principaux ; les autres ne tarderont pas d'arriver au même degré. Des plantations d'arbres sur des trottoirs ménagés latéralement, sont faites partout où la disposition des lieux le permet. Le long de celui de Serin à la Croix-Rousse, des bosquets ont même été établis dans des délaissés inutiles ; aussi ce chemin deviendra-t-il une promenade des plus agréables pour les habitants des faubourgs de Serin et de la Croix-Rousse, en même temps qu'il sert à ces faubourgs de voie de communication essentielle pour les relier entre eux.

Outre la partie rurale de Lyon, se poursuivent : l'ouverture d'un chemin au territoire d'Ampuis, la rectification générale de deux chemins au territoire des Hayes, l'ouverture d'un chemin au territoire de Longes, les rectifications générales de deux chemins au territoire de Loire, l'achèvement d'un chemin au territoire de Chassagny, l'ouverture d'un chemin au territoire d'Orliénas, la restauration complète d'un chemin au territoire de Saint-Didier-au-Mont-d'Or, la rectification d'un chemin au territoire de Cailloux, la restauration complète de la vicinalité dans un grand nombre de communes, et qui touche à sa fin dans celles d'Ecully, Saint-Germain-au-Mont-d'Or, Chasselay, Eveux, Vourles, etc.

Et dans l'arrondissement de Villefranche, un pont a été construit sur la rivière d'Ardières pour le passage du chemin de Belleville à Dracé, l'ouverture du chemin vicinal de Saint-Nizier à Grandris se poursuit au territoire de Saint-Nizier-d'Azergues, un pont a été construit à Joux pour le passage d'un chemin vicinal, la rectification d'un chemin a été faite à Emeringes, la restauration complète de deux chemins se poursuit à Chiroubles ; la vicinalité, en général. a subi de grandes améliorations, et approche du terme où il ne restera plus que l'entretien, dans les communes de Gleizé, Lachassagne, Saint-Lager, Fleurye, Julliénas, etc.

Il est bien entendu qu'il n'est question ici que de la petite vicinalité, car un grand nombre de communes rivalisent de zèle pour amener à l'état de viabilité les chemins de grande ou de moyenne communication, auxquels elles sont plus spécialement intéressées.

SERVICE EN GÉNÉRAL.

Les chemins de grande communication, établis dans une large proportion sur la surface du département du Rhône, ont d'abord été l'objet principal de l'emploi des ressources; aussi est-il peu de localités qui ne se trouvent maintenant dotées de ces nouvelles et importantes voies vicinales. Si quelques-uns, et ce sont ceux classés depuis quelques années seulement, ne se trouvent pas encore à l'état d'entretien complet, avant peu, à la fin de la campagne prochaine, par exemple, il y a lieu d'espérer qu'ils présenteront une viabilité suffisante pour que la circulation n'y éprouve pas de difficulté, en attendant l'entier achèvement, qui ne peut s'obtenir que successivement, en raison des ressources disséminées des communes. L'étendue de ces chemins est de 725 kilomètres.

Depuis que ces chemins atteignaient un degré d'avancement qui permettait de circuler sur la plupart, de nouveaux besoins se sont fait sentir, et sur tous les points du département de nouvelles voies de communication sont entreprises, soit pour relier les premières, soit pour les suppléer, et ce sont ces nouvelles voies, dont l'étendue égale à peu près celle des chemins de grande communication, qui ont motivé leur classement, sous le titre de *Chemins de moyenne communication*, c'est-à-dire de chemins placés sous le régime de l'article 6 de la loi du 21 mai 1836. Il est vrai que les nouveaux chemins ne sont encore en grande partie qu'à l'état de terrassement incomplet, et même à l'état de sol naturel; mais ce classement facilitera leur développement. D'ailleurs, il y a vingt ans, les chemins vicinaux de grande communication étaient encore tous à l'état de sol naturel ou de lacune, et l'espace de temps qui s'est écoulé depuis cette époque a suffi pour les amener à un état voisin de celui d'entretien, malgré les études qu'il fallut d'abord faire de ce nouveau service, qui a subi trois transformations avant d'être définitivement installé sur un pied qui pût satisfaire les besoins qui se firent si vite sentir. Hâtons-nous de dire que le Conseil général du Rhône, sur les propositions des Conseils d'arrondissement, entra promptement par ses votes dans ce progrès de la vicinalité, dont il avait sagement apprécié le mérite, et que depuis il a constamment suivi cette marche, dont il ne se départira probablement pas, en continuant d'affecter au service vicinal les 5 centimes autorisés par la loi.

Et, d'un autre côté, la sollicitude du gouvernement de l'Empereur, qui se fait sentir chaque année par des secours pour l'amélioration de nos voies vicinales, est une garantie que leur progrès ne se ralentira pas, surtout sous la puissante direction de M. le Sénateur chargé de l'administration du Rhône, et le concours bienveillant de M. le Sous-Préfet de Villefranche, en ce qui concerne son arrondissement. »

ÉTAT GÉNÉRAL

DES RESSOURCES ET DÉPENSES DE L'EXERCICE 1856.

TITRE Iᵉʳ. — RESSOURCES.

CHAPITRE 27.	SOUS-CHAPITRE 25.	Article 1ᵉʳ — Travaux sur les chemins vicinaux	272,119 fr. 92 c.		
		Article 2 — Traitements et gratifications des Agents-Voyers	35,600 »	312,408	»
		Article 3 — Dépenses diverses	4,688 08		
	SOUS-CHAPITRE 27..	Article unique. Contingents communaux centralisés		113,021	15
Cotisations municipales		Supplément des traitements et gratifications		17,161	47
Prestations en nature		Pour les chemins vicinaux de grande communication	157,881 46	453,514	05
		Pour les chemins vicinaux ordinaires	295,632 59		
Ressources communales, y compris les secours de l'État.		Pour les chemins vicinaux de grande communication	2,720 »	557,554	56
		Pour les chemins vicinaux ordinaires	554,834 56		
		Total général des Ressources		1,453,959	23

TITRE II. — DÉPENSES.

CHAPITRE 27.	SOUS-CHAPITRE 25.	Article 1ᵉʳ — Travaux sur les chemins vicinaux de grande communication	231,461 fr. 06 c.		
		Id. Secours pour travaux sur les chemins vicinaux ordinaires	29,600 »	209,830	28
		Article 2. — Traitement des Agents-Voyers et gratifications versés à la caisse des retraites	34,272 25		
		Article 3. — Dépenses diverses, impressions, publications, instruments, etc.	4,496 97		
	SOUS-CHAPITRE 27..	Article unique. Contingents centralisés en — Travaux	36,997 64	112,451	14
		— Indemnités	75,453 50		
Cotisations municipales		Supplément de traitement aux Agents-Voyers		9,682	18
Prestations en nature		Employés sur les chemins vicinaux de grande communication	122,459 15	359,853	62
		Id. sur les chemins vicinaux ordinaires	237,394 47		
Fonds communaux de différentes provenances, y compris les secours sur les fonds de l'État, mais non compris ceux sur les subventions départementales qui figurent à l'article 2.		Employés sur les chemins vicinaux de grande communication	2,720 »	375,414	80
		Id. sur les chemins vicinaux ordinaires	372,694 80		
		Total général des dépenses		1,157,232	02
		Excédant des ressources sur les dépenses		296,727	21

Cet excédant provient surtout des prestations non employées et qui seront reportées au compte des contingents communaux et des ressources communales qui sont quelquefois cumulées pour l'exécution d'entreprises importantes.

Ces excédants trouvent toujours leur emploi dans l'année qui suit.

ÉTAT

Des Dépenses faites sur les Chemins vicinaux de grande communication pendant l'Exercice 1856, et Statistique de ces Chemins.

		Longueur en kil.	[colonnes de dépenses et ressources — illisibles]	INDICATION DES COMMUNES INTÉRESSÉES
N° 1	De Bessenay à Champagne	17	[illegible]	[illegible]
2	De Givors à Chasselay	10	[illegible]	[illegible]
3	De Thizy à Grandfailles	13	[illegible]	[illegible]
4	De Ste Foy à Ternand	19	[illegible]	[illegible]
5	De Beaurepaire à Mizoen	50	[illegible]	[illegible]
6	De l'Arbresle au pont St Bernard	17	[illegible]	[illegible]
7	De Charbonnières à Villefranche	27	[illegible]	[illegible]
8	D'Anse à St André de Corcy	15	[illegible]	[illegible]
9	Du pont de Dorieux à Beaune	58	[illegible]	[illegible]
10	D'Amplepuis aux Échareaux	23	[illegible]	[illegible]
11	De Craponne à St St Galmier	32	[illegible]	[illegible]
12	De Lyon à Givors	16	[illegible]	[illegible]
13	Des ponts Tarrets à Brou	33	[illegible]	[illegible]
14	De Tarare à Vichy	7	[illegible]	[illegible]
15	De Vienne à Rive-de-Gier	29	[illegible]	[illegible]
16	De Neuville à Chazay	14	[illegible]	[illegible]
17	De Trembley au pont Jean Gros	12	[illegible]	[illegible]
18	De Belleville à Tramayes	29	[illegible]	[illegible]
19	De Chessy à Rivolet	51	[illegible]	[illegible]
20	De St Jean à Pont Rivera	15	[illegible]	[illegible]
21	De Vaise à St Cyr	6	[illegible]	[illegible]
22	De Mornant à Cluny	10	[illegible]	[illegible]
23	De Lamure à St Marcel	21	[illegible]	[illegible]
24	De Lyon à Pont-de-Veyle	29	[illegible]	[illegible]
25	D'Yzeron au pont d'Arciza	22	[illegible]	[illegible]
26	De Beaujeu à Mâcon	19	[illegible]	[illegible]
27	De Pontcharra à Villechenève	11	[illegible]	[illegible]
28	De Rive-de-Gier à Chavanay	9	[illegible]	[illegible]
29	De la Guillotière à Genas	7	[illegible]	[illegible]
30	De la Tour à Rive-de-Gier	29	[illegible]	[illegible]
31	De Villefranche à Ternand	16	[illegible]	[illegible]
	TOTAUX	[illegible]	[illegible]	

Chemins vicinaux de grande communication.

Pendant l'Exercice 1856,

40 kilomètres ont passé de l'état de 1er empierrement à l'état d'entretien.
25 kilomètres ont passé de l'état de terrassement à l'état de 1er empierrement.
23 kilomètres ont passé de l'état de lacune à l'état de terrassement.

Il a été construit pendant le même exercice, 91 aqueducs, 9 ponceaux, 2 ponts et plusieurs murs de soutènement.

Ces chemins présentent maintenant à l'état d'entretien, ... 572,155 k.
— — à l'état de 1er empierrement, ... 90,641
— — à l'état de terrassement, ... 50,191 } 724,017
— — à l'état de lacune., ... 11,030

Chemins vicinaux de moyenne communication.

Pendant l'Exercice 1856,

10 kilomètres ont passé de l'état de gravelage à l'état d'entretien.
26 kilomètres ont passé de l'état de terrassement à celui de gravelage.
28 kilomètres ont passé de l'état de sol naturel à l'état de terrassement.

Il a été construit 77 aqueducs, 18 ponceaux, 2 ponts et plusieurs murs de soutènement.

Les chemins vicinaux de moyenne communication présentent maintenant,
à l'état d'entretien, ... 164,935 k.
— — — — à l'état de gravelage,.. 88,645 } 652,620
— — — — à l'état de terrassement, 203,302
— — — — à l'état de lacune,.... 195,747

Chemins vicinaux de petite communication.

Pendant l'Exercice 1856,

42 kilomètres ont passé de l'état de gravelage à l'état d'entretien.
18 kilomètres ont passé de l'état de terrassement à celui de gravelage.
25 kilomètres ont passé de l'état de sol naturel à celui de terrassement.
Il a été construit 61 aqueducs, 18 ponceaux, 4 ponts, 4 passerelles et un grand nombre de murs de soutènement.
Ces chemins présentent maintenant, à l'état d'entretien, ... 643 k.
— — — à l'état de gravelage, ... 299
— — — à l'état de terrassement, ... 126 } 2,860
— — — à l'état de sol naturel, { à conserver, ... 1,513
                                { à rectifier, ... 288

Une grande partie des ressources a été employée à l'entretien des chemins vicinaux des différentes catégories et à la réparation des dégâts occasionnés par l'inondation.

Le prix de revient des travaux est, en moyenne,

		fr.	c.
Sur les Chemins vicinaux de grande communication,	Pour construction, ...	6	85
	Pour entretien, ...	0	42
	Pour grosses réparations,...	0	34
Sur les Chemins vicinaux de moyenne communication,	Pour construction, ...	5	10
	Pour entretien, ...	0	23
	Pour grosses réparations,...	0	38
Sur les Chemins vicinaux de petite communication,	Pour construction, ...	3	85
	Pour entretien, ...	0	15
	Pour grosses réparations,...	0	85

Le produit réel des journées de prestations en nature s'est élevé, pendant l'exercice 1856, de 75 à 125 pour 100 de l'estimation de ces journées suivant le tarif arrêté par le Conseil général. De sorte que les journées rendent en moyenne leur évaluation. Mais ce produit varie beaucoup dans les divers cantons du département.

Dressé par l'Agent-voyer en chef, soussigné,
Lyon, le 15 juillet 1857.

RAGOT.